W0461445

Ferien-Stars 4

Erarbeitet von
Jasmin Brune
Daniela Elsner
Stefanie Gleixner-Weyrauch
Marion Lugauer
Sabine Schwarz

Illustriert von
Irmtraud Guhe

Oldenbourg

Inhalt

Ägypten

Deutsch 3
Mathematik 6
Englisch 8

Indien

Deutsch 10
Mathematik 14
Englisch 16

China

Deutsch 17
Mathematik 21
Englisch 24

USA

Deutsch 25
Mathematik 28
Englisch 30

Brasilien

Deutsch 32
Mathematik 36
Englisch 38

Australien

Deutsch 40
Mathematik 44
Englisch 46

Kleines Begriffslexikon 47

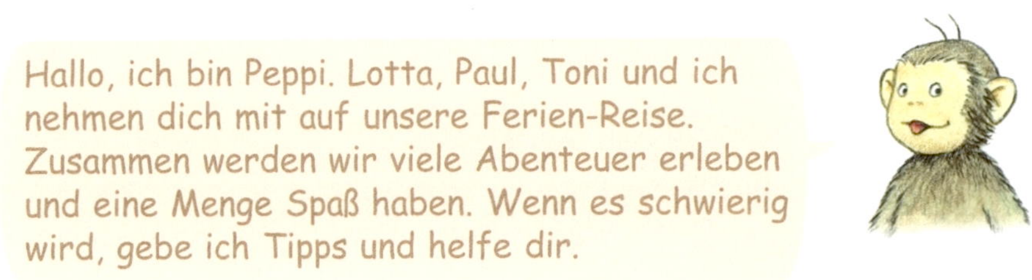

Die Geschichte des Tutanchamun

Tutanchamun war ein ägyptischer Junge in deinem Alter. Mit nur 9 Jahren bestieg er den Thron und wurde Pharao, der Herrscher über das ägyptische Reich. Er starb mit 18 Jahren. Damals war es Sitte, den Toten und seine Familie einzubalsamieren und als Mumie im sogenannten Tal der Könige zu bestatten. Die alten Ägypter gaben ihren Toten viele wertvolle Grabbeigaben mit, wie z. B. Tiere und Statuen aus Gold, Holzschnitzereien und goldene Masken. Sie glaubten nämlich, dass die Toten all diese Dinge für ihr Leben im Jenseits benötigten. 1922 entdeckten Archäologen in einem Grab die Mumie des Tutanchamun.

1 Lies den Text genau. Kreuze dann die richtige Erklärung für die Begriffe an.

Pharao:
a. ägyptischer Priester ☐
b. ägyptischer König ☐
c. ägyptischer Berater ☐

Grabbeigaben:
a. Opfergaben ☐
b. wertvolle Geschenke für den Toten ☐
c. Geburtstagsgeschenke ☐

Mumie:
a. einbalsamierter Toter ☐
b. Furcht einflößender Geist ☐
c. wertvolle Grabbeigabe ☐

Archäologe:
a. Altertumsforscher ☐
b. Arzt für alte Menschen ☐
c. Lehrer für alte Sprachen ☐

(2) Im ägyptischen Museum betrachten Lotta, Toni und Paul wertvolle Grabbeigaben. Lies die Wörter laut vor. Hörst du einen langen oder kurzen Selbstlaut*? Ordne richtig ein.

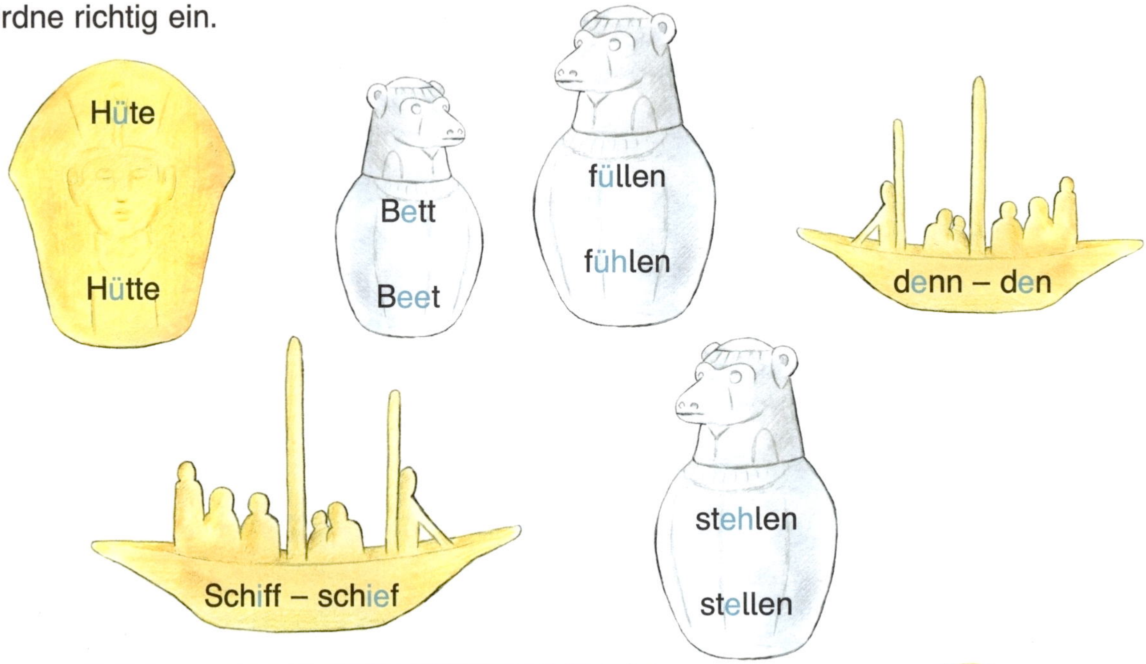

langer Selbstlaut	kurzer Selbstlaut

Hörst du einen kurzen Selbstlaut wie in Kamm, wird der darauffolgende Mitlaut* verdoppelt. Hörst du einen langen Selbstlaut wie in kam, folgt ein einzelner Mitlaut.

(3) Ordne die Wörter an der passenden Stelle in die Tafel ein.
Achte auf die Groß- und Kleinschreibung.

Nomen*	Adjektive*	Verben*	Pronomen*

PYRAMIDE	ER	SCHWITZEN	KÖNIG
URLAUB	REGIEREN	IHR	STAUBIG
ICH	GÖTTER	OPFERN	HEIß
WÜSTE	ES	HEILIG	ANMUTIG
AUSGRABEN	DU	ALT	KOSTBAR
GRABSTÄTTE	ANBETEN	BESICHTIGEN	WIR

1 Toni, Lotta und Paul nehmen an einer Pyramiden-Tour teil. Schon von Kairo aus können sie die Pyramiden in Gizeh erkennen. Doch was ist das? Da hat jemand die Schätze aus den Pyramiden geholt und sie einfach in den Sand gelegt. Die Kinder helfen mit, die Schätze wieder in die richtigen Pyramiden zurückzubringen. Rechne die Aufgaben aus und verbinde die Ergebnisse mit den Zahlwörtern in den Schätzen.

	2	4	5	9	8	3
+	1	7	7	8	0	7

	1	0	9	8	5	4
+	3	2	2	8	5	5

		9	8	9	4	9
+	2	2	5	9	5	8

	8	0	0	0	6	7
−	4	7	5	3	5	8

	8	1	1	1	2	3
−	4	6	8	2	1	6

	9	2	6	8	7	7
−	6	8	3	7	9	8

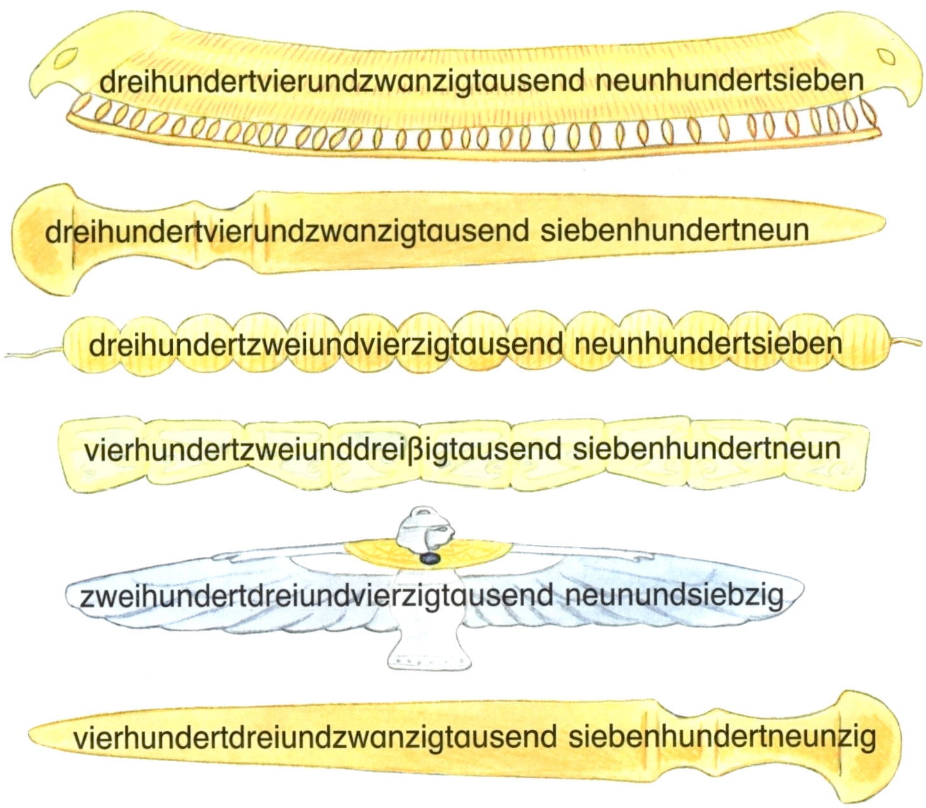

2 Auch beim Schnorcheln am Roten Meer, finden die Kinder noch versunkene Schätze. Um die Kisten öffnen zu können, müssen sie allerdings erst die folgenden Aufgaben richtig lösen.

$271 \cdot 246$

$1089 \cdot 82$

$37037 \cdot 24$

$678879 : 9 =$

$268972 : 4 =$

3 Hier sind zwei Ergebnisse falsch. Diese Schatztruhen lassen sich nicht öffnen. Streiche sie durch. Male die richtigen an.

$457 \cdot 4$
1928

$762 \cdot 5$
3810

$876 \cdot 7$
6132

$933 \cdot 8$
7454

(1) Lotta, Paul and Toni are planning their week in Egypt. Fill in the days of the week.

M _ _ _ _ _	visit the pyramids 
T _ _ _ _ _ _	go snorkelling 
W _ _ _ _ _ _ _ _	visit the museum 
T _ _ _ _ _ _ _	play on the beach 
F _ _ _ _ _	ride a camel 
S _ _ _ _ _ _ _	go on a boat trip 
S _ _ _ _ _	fly to India 

Wednesday   Sunday   Monday   Thursday   Tuesday   Friday   Saturday

(2) Put the sentences in the correct order. Write.

[I] [On] [Tuesday] [go snorkelling]

On Tuesday I go snorkelling.

[on the beach] [Susan plays] [On Wednesday]

____.

[rides a camel] [Mike] [On Monday]

____.

[Ben and Tina] [On Friday] [go on a boat trip]

____.

Kannst du die Aufgaben lösen?
Rechne und schreibe.

(3) In the pyramid, they find secret numbers. Write.

 = ten

 = twenty

 = thirty

 = forty

 = fifty

 = sixty

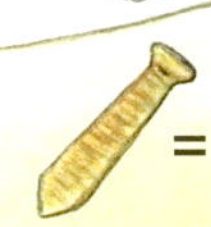 = seventy

 = eighty

 = ninety

 = one hundred

 90 +  10 = 100 one hundred

 ___ +  ___ = ___ ______________

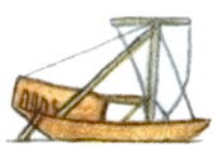 ___ +  ___ = ___ ______________

 ___ +  ___ = ___ ______________

 ___ +  ___ = ___ ______________

 ___ +  ___ = ___ ______________

 ___ +  ___ = ___ ______________

Toni, Lotta und Paul reisen nach Indien. Dort hören sie diese orientalische Geschichte.

Zucker und Salz

Eines schönen Tages kehrten Nasrudin und sein Freund in ein Restaurant ein. Sie waren beide sehr durstig und wollten sich ein Glas Milch teilen. Als ihnen die Milch gebracht wurde, schlug der Freund vor: „Trink du deine Hälfte zuerst. Ich habe ein Stück Zucker dabei, um die Milch zu süßen. Nachdem du getrunken hast, werde ich den Zucker in meine Hälfte geben."
„Warum gibst du den Zucker nicht gleich dazu?", fragte Nasrudin. „Ich werde auch bestimmt nur meine Hälfte trinken." „Nein, nein, das kleine Stückchen Zucker kann nicht das ganze Glas Milch süßen! Es reicht nur für meine Hälfte!", sagte der Freund. Daraufhin ging Nasrudin in die Küche und holte Salz. „Gut", sagte er, „du kannst deine Hälfte der Milch später süßen. Ich werde meine Hälfte zuerst einmal kräftig salzen."

(1) Lies die Geschichte von Nasrudin und seinem Freund.

(2) Wer hat die Geschichte richtig verstanden?
Male die Sprechblase mit der richtigen Aussage gelb an. Trage die Zeilennummer ein, in der du finden kannst, ob die Aussage richtig oder falsch ist.

Nasrudin lädt seinen Freund zu sich nach Hause zum Essen ein.

Zeile: ____

Nasrudins Freund teilt nicht gerne.

Zeile: ____

Das Stückchen Zucker ist groß genug, um die ganze Milch zu süßen.

Zeile: ____

Nasrudin geht in den Keller und holt Salz.

Zeile: ____

Wieso rührt Nasrudin Salz in sein Getränk? Was meinst du?

____

(3) Auch diese Figuren kommen in Geschichten aus dem alten Orient vor. Verbinde die Satzteile richtig. Schreibe dann die Sätze mit den Wem-Ergänzungen* auf die linke Seite und die Sätze mit den Wen-oder-was-Ergänzungen* auf die rechte Seite des Märchenbuches.

Aladin reibt	in einen Storch.
Alibaba besiegt	vor seiner Frau.
Der Kalif verwandelt sich	seine Wunderlampe.
Sindbad vertraut	seiner Mannschaft.
Maruf, der Schuhflicker, flieht	40 Räuber.

Nach der **Wem-Ergänzung** fragt man **wem?**.
Nach der **Wen-oder-was-Ergänzung** fragt man **wen oder was?**.

Wem-Ergänzungen

Wen-oder-was-Ergänzungen

(4) Ordne die Wörter aus dem Korb in die richtige Zeile.

oh: ______________________________

____

uh: ______________________________

ah: ______________________________

____

eh: ______________________________

____

äh: ______________________________

öh: ______________________________

üh: ______________________________

Die nächste Station auf der Indien-Reise ist Mumbay.
Dort schlendern die Kinder durch die belebten Straßen und gelangen zu einem großen Marktplatz. Auf dem Markt gibt es auch einen Stand mit Glücksspielen.
Lotta will ihr Glück versuchen. Sie muss Kugeln aus einem Gefäß ziehen.
In dem Gefäß sind 2 blaue und 4 gelbe Kugeln.
Die Kugeln werden **nacheinander** herausgenommen und auf den Tisch gelegt.
Wenn die vierte Kugel, die Lotta zieht, blau ist, gewinnt sie einen Preis.

1 Lies die Aussagen und kreuze an.

Sicher bedeutet: Es trifft auf jeden Fall zu.
Unmöglich bedeutet: Es trifft nie zu.
Möglich bedeutet: Es kann, muss aber nicht zutreffen.

	sicher	**unmöglich**	**möglich**
Die erste Kugel ist eine blaue Kugel.	☐	☐	☐
Die erste Kugel ist eine gelbe Kugel.	☐	☐	☐
Die erste Kugel ist gelb und die zweite Kugel ist blau.	☐	☐	☐
Die ersten drei gezogenen Kugeln sind blau.	☐	☐	☐
Die ersten vier gezogenen Kugeln sind gelb.	☐	☐	☐
Die dritte Kugel ist eine rote Kugel.	☐	☐	☐
Die zweite Kugel ist blau oder gelb.	☐	☐	☐

2 Das Glücksspiel war so aufregend, dass die drei Kinder sehr hungrig geworden sind. An einem Brotstand möchten sie sich ein indisches Naanbrot kaufen. Die Bäckerin ist gerade dabei, 30 Naanbrote zu backen.

Welche Mengen von jeder Zutat braucht die Bäckerin für die 30 Brote?

Rezept für 6 Naanbrote:

450 g Mehl
5 g Salz
2,5 g Backpulver
1 Packung Trockenhefe
150 g Joghurt
125 ml Wasser
45 ml Milch
30 ml Öl

Achtung: Das Rezept ist für 6 Brote!
1000 g = 1 kg und 1000 ml = 1 l

Für 30 Naanbrote braucht die Bäckerin:

__________ Mehl, __________ Salz, __________ Backpulver,

__________ Trockenhefe, __________ Joghurt, __________ Wasser,

__________ Milch, __________ Öl

Wer bekommt welchen Teller und welches Getränk? Verbinde.

1 Toni, Paul, Lotta and their Indian friend Fatih are having lunch at the market. Draw lines.

I have lemon fish with potatoes and a yoghurt drink.

I have a honey-carrot soup and a coke.

I have a chicken sandwich with lettuce and ice tea.

What does Fatih have for lunch? Write.

I have ______________ with ______________ and ____________________

and a cup of ______________.

tomatoes	cucumbers	tea	bread	lemonade	water	chicken	rice

2 After lunch Lotta buys a souvenir for her friend. Number the sentences.

Nummeriere die Sätze in der richtigen Reihenfolge.

Here you are. That's one hundred rupee, please. ◯

Hello. I'd like a box of tea, please. ◯

Hello, can I help you? ◯

Goodbye. ◯

Thank you. Goodbye. ◯

In Indien zahlt man mit Rupien. 100 Rupien sind ca. 1,60 €.

Die Sage von Hou Yi

Vor langer Zeit gab es im Himmel zehn sengende Sonnen. Darum war es auf der Erde furchtbar heiß und die Menschen mussten in bitterer Not leben. Zum Glück bestieg ein kräftiger Held namens Hou Yi den Gipfel eines hohen Berges, spannte den Bogen und schoss neun der Sonnen herunter.

Zum Dank erhielt er einen Lebenstrank, der ihn unsterblich machen sollte. Wer den Trank zu sich nahm, stieg zum Himmel auf. Hou Yi hatte jedoch eine schöne Frau. Da er es nicht übers Herz bringen konnte, seine Frau im Stich zu lassen, trank er das Elixier nicht, sondern bewahrte es zu Hause auf.

Eines Tages als Hou Yi nicht zu Hause war, wollte der Lehrling Peng Meng den Trank stehlen. Um dies zu verhindern, schluckte Hou Yis Frau schnell das Elixier. Sogleich flog sie aus dem Fenster zum Mond.

Nach Hause zurückgekehrt, wusste Hou Yi sofort, was passiert war. Er war tieftraurig. In der Nacht entdeckte er erstaunt, dass der Mond besonders hell und rund war und dass es im Mond den Schatten eines Menschen gab, der seiner Frau sehr ähnlich sah.

Hou Yi dachte jede Nacht an seine Frau. Er ließ im Hintergarten, wo sich seine Frau oft aufgehalten hatte, einen Tisch mit Weihrauchstäbchen aufstellen. Als die Leute davon erfuhren, dass Hou Yis Frau zum Mond geflogen war, stellten sie auch in ihrem Garten im Mondschein einen Tisch mit Weihrauchstäbchen auf und beteten zu ihr. Seitdem verbreitete sich diese Sitte im Volk und die Chinesen feiern einmal im Jahr das Mondfest.

(1) Lies dir die Sage von Hou Yi über das Mondfest durch.
Bringe nun die Bilder in die richtige Reihenfolge. Nummeriere sie.

2 Schau dir die Sätze genau an. Sicher fällt dir etwas auf. Schreibe hinter jeden Satz, in welchem Fall das Nomen* **Mond** steht.

Der Mond schien in dieser Nacht besonders hell. ____________________

Der Schatten **des Mondes** sah aus wie eine Frau. ____________________

Die Frau flog sogleich **dem Mond** entgegen. ____________________

Seitdem betet das Volk **den Mond** an. ____________________

Auf die Frage **Wer oder was?** antwortet der **Wer-Fall* (1. Fall)**.
Auf die Frage **Wessen?** antwortet der **Wessen-Fall* (2. Fall)**.
Auf die Frage **Wem?** antwortet der **Wem-Fall* (3. Fall)**.
Auf die Frage **Wen oder was?** antwortet der **Wen-Fall* (4. Fall)**.

3 Lies dir die folgenden Sätze durch. Frage nach den Fällen des Nomens **Chinese**. Unterstreiche sie anschließend entsprechend der Farben aus Peppis Tipp.

Die Chinesen feiern das Mondfest.
Lotta fragt einen Chinesen nach dem Weg zu den Tempeln.
Die Kinder bedanken sich für die Hilfsbereitschaft des Chinesen.
Lotta, Toni und Paul besichtigen einen Tempel der Chinesen.
Paul gibt einem Chinesen Blumen für die Statue.
Ein Chinese macht ein Foto von den Kindern vor dem Tempel.

Lotta, Paul und Toni kaufen sich Glückskekse. Sie sind sehr neugierig, was der Spruch im Inneren ihnen verrät.

Die Kinder wundern sich sehr über ihre Sprüche in den Keksen.

4 Finde alle x-Laute in den Sprüchen und markiere sie farbig.

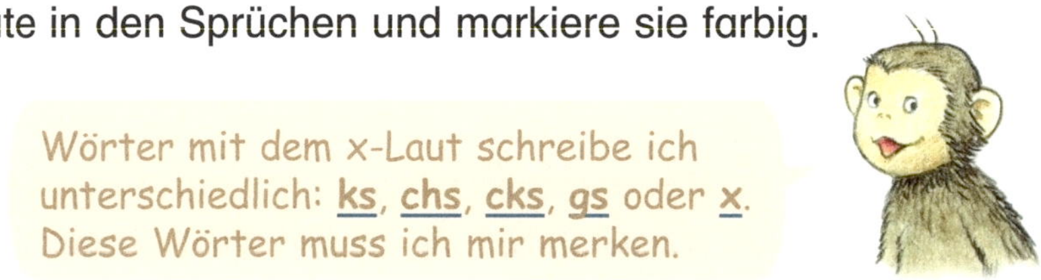

5 Finde die Wörter in den Wortschlangen und trenne sie durch Striche.

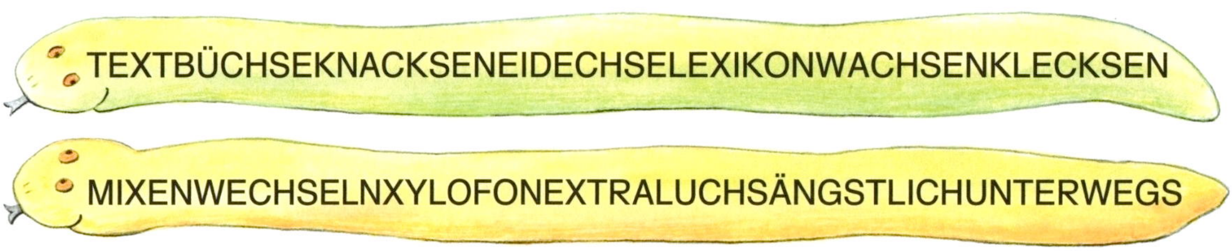

6 Ordne nun die Wörter aus den Wortschlangen auf einem Extra-Blatt nach ihren x-Lauten: **ks**, **chs**, **cks**, **gs** oder **x**. Achte auf die Groß- und Kleinschreibung.

In Peking möchten Paul, Lotta und Toni die Verbotene Stadt besichtigen. Einst war sie die Residenz des Kaisers von China. Von dort aus regierte er das gesamte chinesische Reich. Normale Bürger hatten keinen Zutritt. Und auch heute noch werden die Tore bewacht. Den drei Kindern wird der Zutritt nur dann gewährt, wenn sie die folgenden Rätsel lösen.

1 Die Chinesische Mauer ist ca. 6200 km lang. Sie ist das größte von Menschen erschaffene Bauwerk.

a) Ergänze die fehlenden Zahlen.

b) Eine Schnecke will die Chinesische Mauer an ihrer niedrigsten Stelle in einer Höhe von 2 m überqueren. Sie kriecht jeden Tag 60 cm hoch. Jede Nacht rutscht sie 35 cm nach unten.

In welcher Höhe befindet sich die Schnecke am Abend des dritten Tages?

____

____

Am wievielten Tag erreicht sie den oberen Rand der Mauer?

____

____

2

Ich denke mir eine Zahl, multipliziere* sie mit 7, addiere* 30, dividiere* durch 6 und erhalte die Zahl 12.

Meine Zahl heißt: ____

Meine Zahl ist ein Vielfaches* von 7. Wer sie verdoppelt und 2 addiert, der erhält eine Zahl der 8-er Reihe zwischen 70 und 80.

Meine Zahl heißt: ____

Wer meine Zahl zuerst zweimal verdreifacht und dann durch 90 dividiert, erhält die Zahl 10.

Meine Zahl heißt: ____

Rechne rückwärts und kehre dabei die Rechenoperationen um.

3 Tien Lun, seine Tocher She Bao und She Baos Kinder Ze Ren und Min Yi sind zusammen 100 Jahre alt. She Bao ist 30 Jahre alt. Min Yi ist 5 Jahre jünger als Ze Ren. Ze Ren ist 24 Jahre jünger als She Bao. Wie alt ist Tien Lun?

Tien Lun ist ____ Jahre alt.

4 Für die 12 Gelehrten, die den Kaiser berieten, musste jeden Tag ein runder Tisch gedeckt werden. Vor jedem Gelehrten stand ein goldener Teller und neben jeden Teller hatte der Koch eine farbige Serviette gelegt. Keine zwei benachbarten und auch keine einander direkt gegenübersitzenden Gelehrten bekamen gleichfarbige Servietten. Wie viele verschiedene Farben mussten die 12 Servietten mindestens haben?

Es sind mindestens ____ verschiedene Farben notwendig.

Stelle dir eine Torte vor. Mache dir eine Zeichnung auf einem Extra-Blatt.

5 Nachdem Lotta, Toni und Paul es mit deiner Hilfe geschafft haben, die Verbotene Stadt zu besichtigen, möchten sie nun noch ein Stück auf der Chinesischen Mauer laufen. Mit dem Taxi fahren sie am nächsten Tag um 9.45 Uhr die 60 km von Peking zur Chinesischen Mauer. Das dauert 45 Minuten und kostet 90 Yuan. Dort angekommen haben sie großen Hunger und wollen erst einmal etwas essen. Dafür bezahlen sie zusammen 60 Yuan. Ihre Wanderung dauert drei Stunden. Insgesamt schaffen sie in dieser Zeit 15 km. Sie kaufen noch ein paar Souvenirs für 170 Yuan. Später fahren sie mit dem Taxi wieder ins Hotel, wo sie um 16.45 Uhr ankommen.

Beantworte folgende Fragen:

In China bezahlt man mit Yuan. 10 Yuan sind ca. 1 €.

Wie lange waren sie unterwegs?

___

Wie viele km haben sie an diesem Tag insgesamt zurückgelegt?

___

Wie viel Zeit blieb ihnen zum Essen und zum Kaufen von Souvenirs?

___

Wie viele km wandern die Kinder in einer Stunde?

___

Wie viel Geld haben sie ausgegeben?

___

Rechne den Betrag in Euro um. Beachte Peppi.

___

Welchen Beruf haben die Leute? Verbinde die Sätze mit dem richtigen Bild.

① At Peking airport the children are waiting for their plane. They meet many people. Who is who? Read and draw lines.

Lisa is a pilot.

Xiang is a hairdresser.

Bob is a teacher.

Fan Li is a doctor.

José is a policeman.

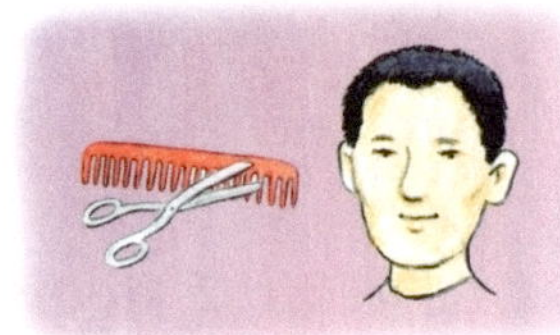

② Sam speaks about his jobs around the house. Make sentences. Draw lines.

Welche Aufgaben hat Sam zu Hause? Bilde Sätze, indem du richtig verbindest.

make	the dog.
walk	my homework.
do	in the kitchen.
help	the cat.
feed	my bed.

Wie wohnen die Kinder der Erde?

Manches Kind wohnt auf dem Lande.
Manches wohnt im 10. Stock.
Manches Kind wohnt nah beim Strande.
Manches wohnt im Neubaublock.

Manches wohnt in einem Walde.
Manches wohnt beim Wüstenrand.
Manches bei der Abfallhalde.
Manches vor der Bergeswand.

Manches wohnt in einer Kammer.
Manches wohnt in einem Schloss.
Manches wohnt in Not und Jammer.
Manches froh und sorgenlos.

Aber kommst du mich nun fragen,
wo die beste Wohnung ist,
kann ich's nur mit vier Wörtern sagen:
wo du glücklich bist!

James Krüss

1. Lies das Gedicht. Unterstreiche anschließend alle Reimwörter. Verwende für die Reimpaare unterschiedliche Farben.

2. Wie möchtest du gerne wohnen? Begründe deine Meinung.

Ich möchte gerne in ______________________ wohnen,

weil ____

____.

Lotta, Toni und Paul sind in den USA angekommen. Sie staunen über die vielen hohen Wolkenkratzer in New York.
Toni schlägt vor: „Lasst uns auf das Empire State Building hochfahren. Ich möchte an den Wolken kratzen."

Wolkenkratzer: Wolken + Kratzer

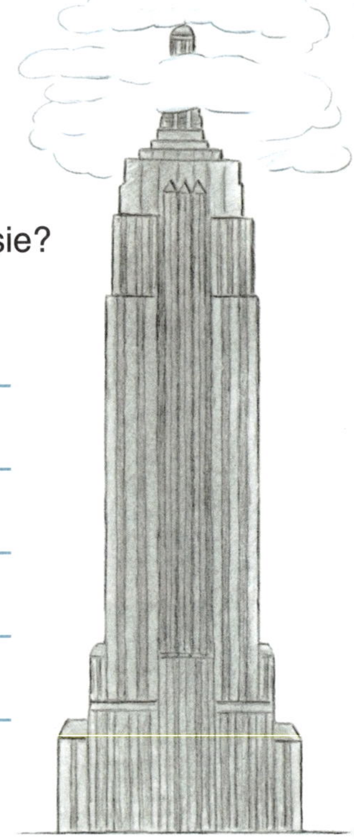

1 Lotta kennt noch mehr Wortzusammensetzungen. Findest du sie?
Schreibe sie auf. Achte auf die Groß- und Kleinschreibung.

schnell wie der Blitz: ______________________________

eine Mücke, die sticht: ______________________________

eine Brille zum Tauchen: ______________________________

rot wie Feuer: ______________________________

ein Strauß aus Blumen: ______________________________

2 Lotta wettet, dass sie Wörter findet, die aus drei oder mehr Wörtern zusammengesetzt sind.

Geburt

Geburtstag

Geburtstagskuchen

Geburtstagskuchenrezept

Unterstreiche die Einzelwörter farbig und zähle sie. Hat Lotta es geschafft?

Wörter kann ich
zusammensetzen.
Der letzte Wortteil
(das Grundwort)
legt die Wortart fest.

③ Nun haben die Kinder Lust auf ein Eis. Bilde zusammengesetzte Wörter mit Eis und schreibe auf. Unterstreiche alle Adjektive* grün und die Nomen* blau.

die Vanille
die Speise
die Schokolade
glatt

Eis

der Bär
kalt
die Blume

Wasser + Eis = Wassereis

④ Zerlege die Wörter in ihre Einzelwörter. Achte auf die Groß- und Kleinschreibung.

Badetuch: baden + Tuch
himmelblau, Großstadt, grasgrün, riesengroß, glasklar, Teekanne, Autoschlüssel

Achtung! Bei manchen Wortzusammensetzungen musst du zwischen die Wörter ein **s** oder ein **n** setzen.
Beispiel: Geburt + Tag: Geburt**s**tag   Blume + Laden: Blume**n**laden

⑤ Schreibe die zusammengesetzten Wörter auf. Entscheide, ob ein **s** oder ein **n** eingefügt werden muss.

Advent + Kalender: ____________________

Zitrone + Eis: ____________________

Straße + Bahn: ____________________

Glück + Strähne: ____________________

Die Kinder sind begeistert von New York. So viele Menschen in einer Stadt! In ihrem Reiseführer finden sie heraus, dass New York mit 8 391 881 Einwohnern die größte Stadt der USA ist. Sie hat also rund 8 400 000 Einwohner. Folgende Städte sind noch in ihrem Reiseführer aufgelistet.

1 Runde die Zahlen zu glatten 100 000er-Zahlen. Trage sie in das Diagramm ein.

Stadt	Einwohnerzahl	gerundete Einwohnerzahl
Dallas	1 240 499	
Washington D.C.	588 292	
Detroit	916 952	
Ventura	103 219	

Beim Runden entscheidet immer die Ziffer vor der Stelle, auf die du runden willst.
Willst du z. B. auf Hunderttausender runden, schau dir die Zehntausenderziffer an.
Ist die Ziffer an der Zehntausenderstelle 0,1, 2, 3 oder 4, so wird abgerundet:
z. B. 224 876 ≈ 200 000
Ist die Ziffer an der Zehntausenderstelle 5, 6, 7, 8 oder 9, so wird aufgerundet:
z. B. 289 765 ≈ 300 000

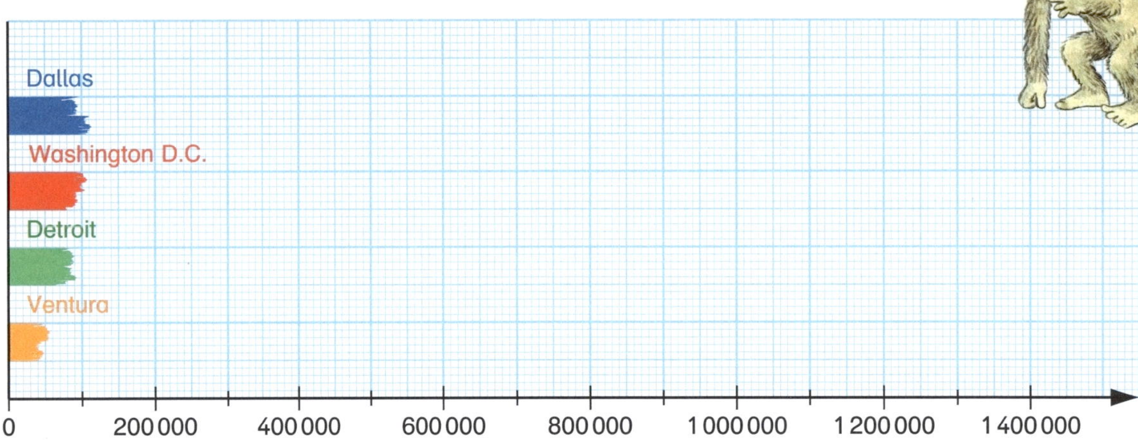

Um so viele Menschen in einer Stadt unterzubringen, braucht man große Häuser, in denen sie wohnen und arbeiten können. Daher gibt es in Großstädten wie New York jede Menge Wolkenkratzer. Mit 381 m ist das Empire State Building eines der höchsten Gebäude in New York.
Lotta, Paul und Toni wollen das Gebäude nachbauen. Dafür brauchen sie einen Bauplan und viele Würfel. Zuerst probieren sie einiges aus.

2 Aus wie vielen Einzelwürfeln bestehen diese Würfelgebäude?

Ⓐ 

Ⓑ 

Ⓒ 

Ⓓ 

_____ Würfel   _____ Würfel   _____ Würfel   _____ Würfel

3 Welcher Bauplan passt zu welchem Würfelgebäude von Aufgabe **2**?
Schreibe die Buchstaben der Gebäude in den entsprechenden Kreis.

3	3	2
3	2	2
2	1	1
2	1	0

◯

4	3	2	1
3	3	2	1
3	3	2	1
4	3	2	1

◯

3	3	2
2	2	1
2	2	1
2	1	1

◯

4	3	2	1
4	4	3	2
4	4	3	2
4	3	2	1

◯

4 Toni hat das Empire State Building mit Würfeln nachgebaut.
Vervollständige den dazugehörigen Bauplan.

3	3	3		
3				

☆

Wie kommen die Kinder jeweils zu Daisy's Diner? Schreibe alle Möglichkeiten auf.

1. At lunch time the children are very hungry. They want to meet at Daisy's Diner. How can they get there?

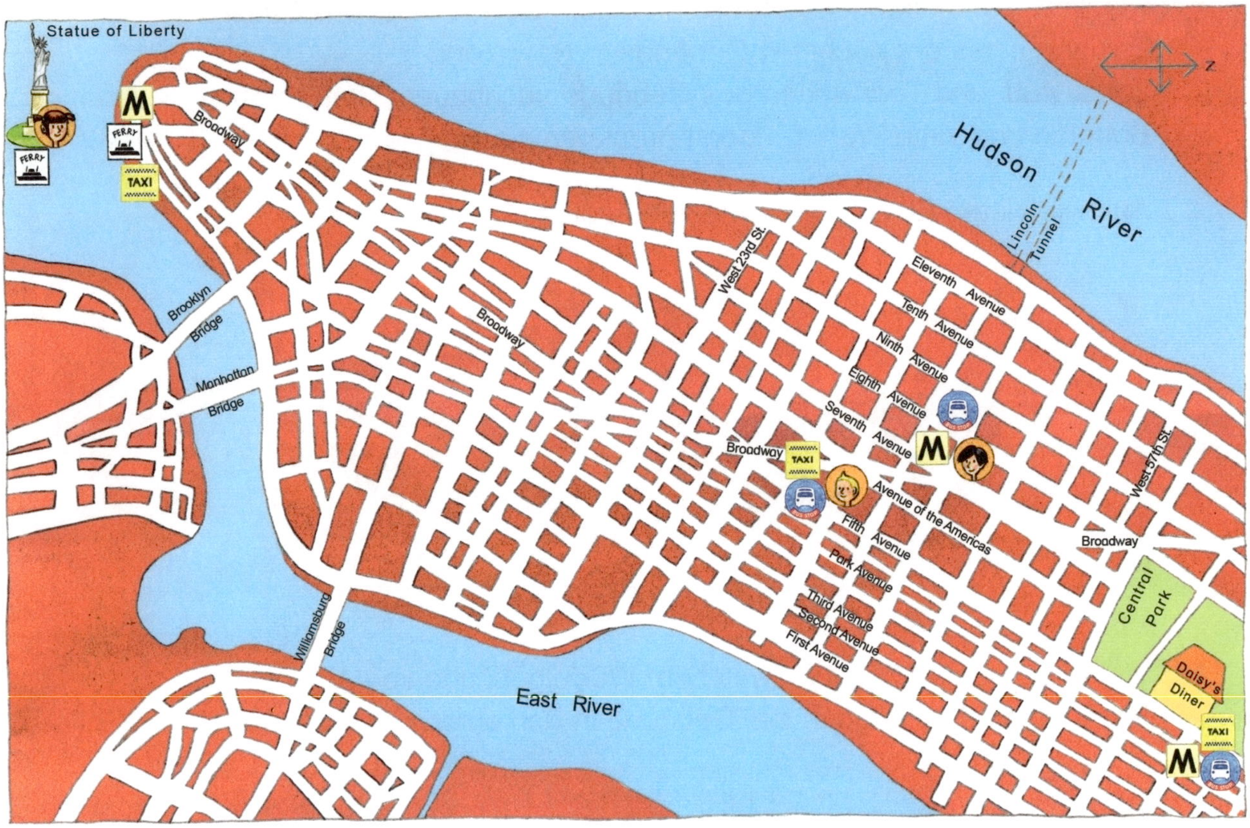

- M underground/subway
- TAXI taxi
- FERRY ferry
- bus

In New York sagen viele Menschen zu **taxi** auch **cab**. Auf den Schildern der U-Bahn Stationen steht ein **M** für Metro, die Amerikaner sprechen aber hier von **subway**.

Toni can take the ______________________ or the ______________________.

Paul can take the ______________________ or a ______________________.

Lotta takes the ______________________, then she can take the ______________________ or a ______________________.

(2) After dinner the children go back to their apartment.
Can you find their bedrooms? Read and number.

In my bedroom I've got a bed, a lamp, a shelf and a rocking chair. ◯

In my bedroom I've got a bed, 2 chairs, a table and a cupboard. ◯

In my bedroom I've got a cupboard, a lamp, a bed and a sofa. ◯

There are three more rooms in the apartment. Can you find them?

◯ In this room you can cook. It's the _ _ _ _ _ _ _.

◯ In this room you can take a shower. It's the _ _ _ _ _ _ _ _.

◯ In this room you can watch TV. It's the _ _ _ _ _ _ _ _ _ _ _.

bathroom	living room	kitchen

Die nächste Station auf der großen Reise ist Brasilien. In Sao Paulo treffen Lotta, Toni und Paul ihren Freund Carlos beim Fußballspielen.

So stellt sich Carlos seine Zukunft vor:
Ich spiele zweimal in der Woche mit meinen Freunden Fußball. In einigen Jahren werde ich täglich als Profifußballer trainieren. Mit meiner Mannschaft spiele ich jetzt auf einem Sandplatz. Wenn ich groß bin, werde ich in einem riesigen Fußballstadion spielen. Im Moment schaut nur meine Schwester manchmal beim Fußballspielen zu. Bald werde ich vor vielen Fans spielen.

(1) Unterstreiche alle Verben* in der Gegenwart grün, die Verben in der Zukunft rot.

Die Zeitform Zukunft wird mit **werden** und der **Grundform des Verbs** gebildet: Ich **werde spielen**.

☆

2 Auch Lotta, Toni und Paul wollen wissen, was ihnen die Zukunft bringt.
Sie gehen zu der berühmten Wahrsagerin Juanita.
Was sagt sie? Ergänze die Sätze in der Zukunft.

Lotta, du ______________ bei einem großen Turnier in der

ersten Reihe ________________________.

Toni, du ______________ deiner Lieblingsmannschaft ______________________.

Ihr alle ______________ eurem Lieblingsspieler die Hand ___________________.

Wir ______________ uns im Stadion ________________________________.

schütteln	wiedersehen	sitzen	zujubeln

Wie stellst du dir deine Zukunft vor? Vervollständige die Sätze. Verwende **werden**.

Nach den Sommerferien ____

In den Weihnachtsferien ____

Wenn ich erwachsen bin, ____

(3) Vor dem großen Fußballstadion findet gerade ein Interview mit einem Fußballspieler statt. Ergänze die Satzzeichen.

Roberto Diaz, wie stark schätzen Sie Ihren Gegner Frankreich ein   fragt die Reporterin

Der Fußballspieler antwortet   Frankreich ist ein ernst zu nehmender Gegner

Wie haben Sie sich auf das Fußballspiel vorbereitet   will die Reporterin wissen

Roberto Diaz erklärt   Wir haben acht Stunden geschlafen und viel trainiert

Vielen Dank für das Interview   verabschiedet sich die Reporterin

Die wörtliche Rede steht immer in Redezeichen.
Der Redebegleitsatz kann davor oder dahinter stehen:
Toni ruft: „Seht mal, dort steht Roberto Diaz!"
„Wollen wir dort hingehen?", fragt Lotta.

(4) Schreibe auf, was die Kinder sagen. Denke an den Redebegleitsatz. Verwende verschiedene Wörter aus dem Wortfeld **sagen**.

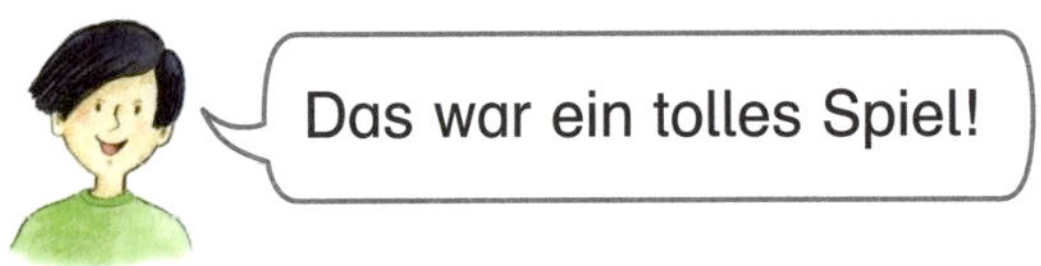

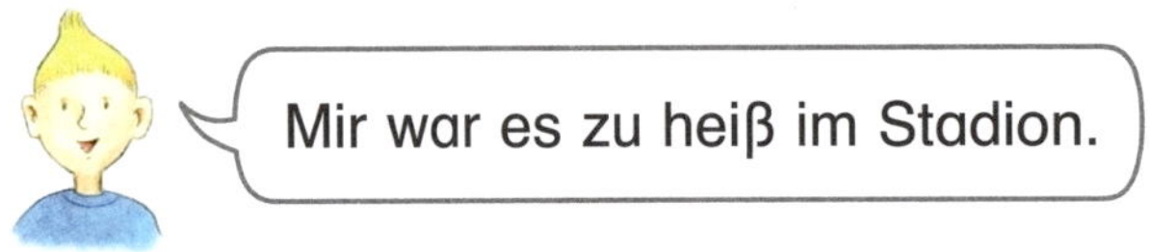

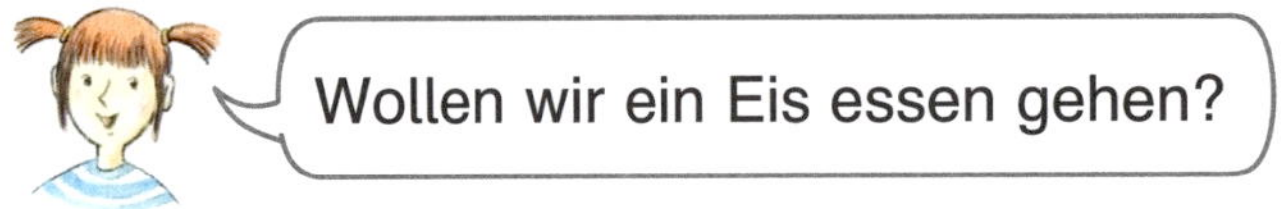

☆ sprechen | reden | antworten | erwidern | fragen | rufen

5 Die Kinder besuchen das Fußballspiel. Es ist aber sehr laut im Stadion. Sie müssen oft nachfragen, um sich gegenseitig zu verstehen. Schreibe das gesuchte Satzglied auf.

1. Ein Abwehrspieler foult Diaz.

Wer foult Diaz? ______________________

Was tut der Abwehrspieler? ______________________

Wen oder was foult der Abwehrspieler? ______________________

2. Der Schiedsrichter zeigt dem Spieler die gelbe Karte.

Wer zeigt dem Spieler die gelbe Karte? ______________________

Was tut der Schiedsrichter? ______________________

Wem zeigt der Schiedsrichter die gelbe Karte? ______________________

Wen oder was zeigt der Schiedsrichter? ______________________

3. Ein argentinischer Stürmer läuft ins Abseits.

Wer läuft ins Abseits? ______________________

Was tut der argentinische Stürmer? ______________________

Wohin läuft der argentinische Stürmer? ______________________

1 Die Kinder besuchen den örtlichen Fußballverein. Der Trainer ist gerade dabei, die neuen Trikots, Hosen und Stutzen für die nächste Saison auszusuchen. Er kann sich nicht entscheiden. Paul hilft dem Trainer alle Kombinationsmöglichkeiten zu finden.
Vervollständige das Baumdiagramm.

Es gibt insgesamt ______ verschiedene Kombinationsmöglichkeiten für die Ausrüstung.

Welche Kombination gefällt dir am besten?
Male den Fußballspieler an.

(2) Toni und Paul gehen zum Torwandschießen. Welche Zahlen verbergen sich hinter den Löchern? Rechne aus.

+	400	470	478
695			
749			
1555			

−	600	680	683
976			
824			
1385			

(3) Lotta vertreibt sich die Zeit mit einem Knobelbuch. Beim schriftlichen Dividieren* kommt sie ins Schwitzen. Kannst du helfen? Achtung, manchmal bleibt ein Rest.

5184 : 6 =

5459 : 5 =

12166 : 14 =

18402 : 14 =

Mir hilft die 14-er Reihe.

14	28	42	56	70	84	98	112	126	140

1 In Brazil the children go to a big football tournament. They see football stars from all over the world. Which country do the players come from? Write.

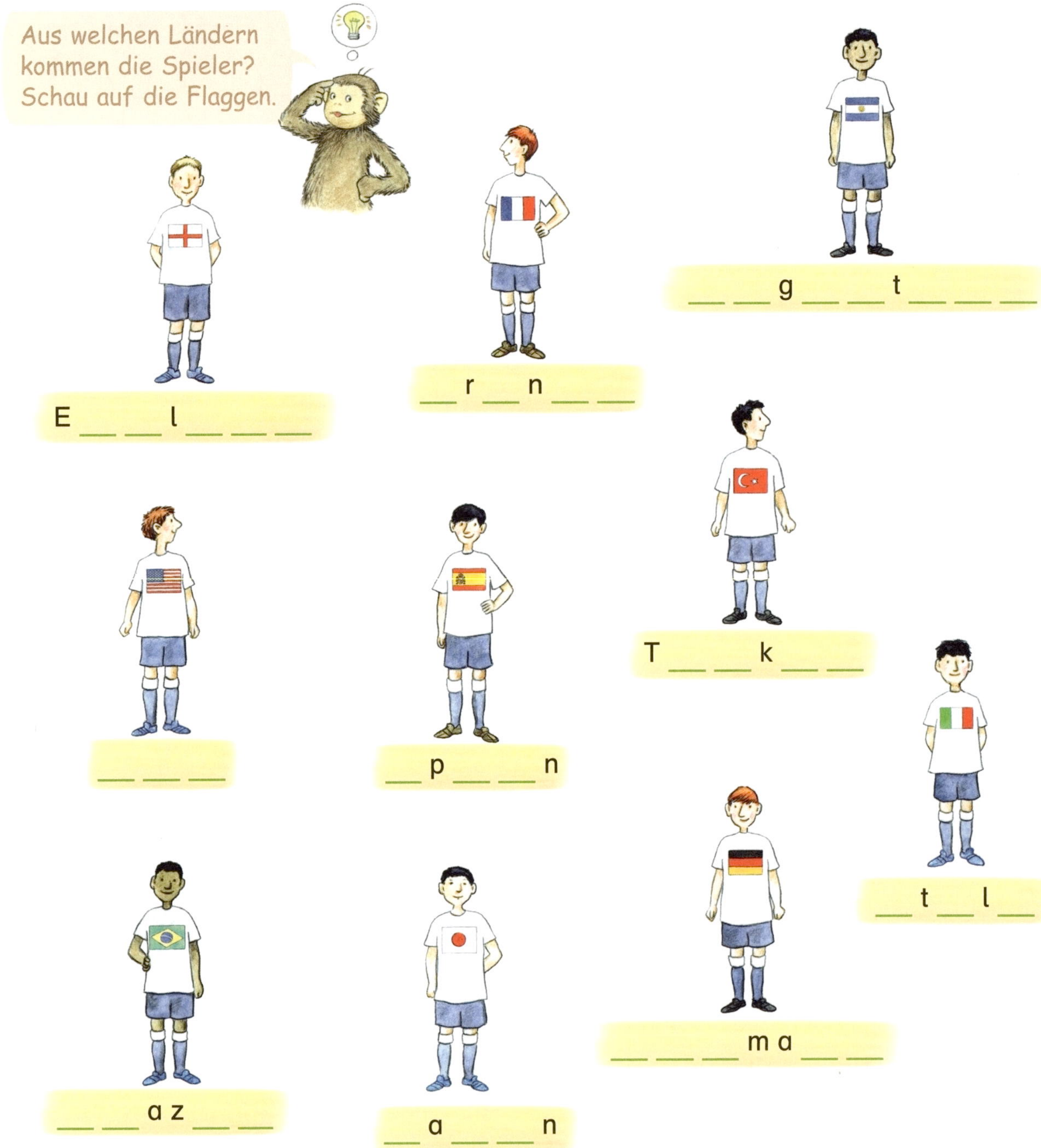

Italy	USA	Brazil	France	Japan	Spain
Turkey	England		Germany		Argentina

(2) The children want to see some of the games. At what time do they play? Fill in the gaps.

Schau dir den Spielplan an und fülle die Lücken aus.

  **Brazil : Germany** 

  **Italy : Spain** 

  **Argentina : France** 

  **England : USA** 

  **Turkey : Japan** 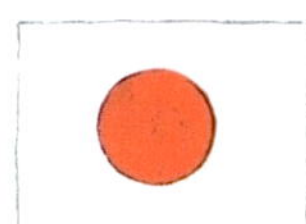

______________ and ______________ play at nine o'clock.

Brazil plays at ______________________.

The USA play at ______________________.

______________ and ______________ play at six o'clock.

Italy plays at ______________________.

one two three four five six seven eight nine ten

Lotta, Paul und Toni kommen auf ihrer Reise nun in Australien an. Auf diesem fernen Kontinent erfahren sie viel über außergewöhnliche Tiere.

1 Mach dich auf und gehe selbst auf Entdeckungsreise. Ordne den Erklärungen das richtige Tier zu und schreibe den Namen auf die Linie.

Känguru

Koala

Krokodil

Wombat

Dieses Säugetier verfügt über einen besonders ausgeprägten Hörsinn und eine empfindliche Nase. Es sieht dafür nicht besonders gut. Das Weibchen trägt seine Jungen im Beutel. Das Fell dieses Tiers ist bräunlich bis gräulich. Es lebt auf Eukalyptusbäumen und ernährt sich von deren Blättern. Sein Name kommt aus einer der Sprachen der Aborigines und bedeutet: „ohne zu trinken“. Denn dieses Tier trinkt kaum etwas. Ihm genügt die Flüssigkeit aus den Blättern der Eukalyptusbäume.

Dieses nachtaktive Tier sieht aus wie ein großes Meerschweinchen. Mit seinen scharfen Krallen baut es sich Wohnhöhlen in der Erde. Diese Tunnelsysteme können bis zu 20 m lang und 3,5 m tief werden. Es ernährt sich von Pflanzen. Seine Jungen trägt es ebenfalls im Beutel.

Dieser letzte Überlebende der Archosaurier kann zwischen 1,20 m und 7 m lang werden. Es wächst sein Leben lang. Alle zwei Jahre erneuert es seine Zähne, mit denen es seine Beute reißt. Es lebt vornehmlich in Flüssen und Seen; einige wenige Arten können auch im Salzwasser des Meeres leben.

____

Dieses bekannteste Beuteltier ist ein nachtaktiver Pflanzenfresser. Sein Fell ist braun und grau. Die größte Art kann bis zu 1,80 m groß und 90 kg schwer werden. Es kann eine Geschwindigkeit von bis zu 50 km/h erreichen und bei einem Sprung bis zu 13 m überwinden. Jedoch gibt es auch sehr kleine Arten, die lediglich 80 cm groß werden und knapp 2 kg wiegen.

____

2 Schau dir zunächst die folgenden Fragen genau an. Lies dir dann die Tierbeschreibungen noch einmal aufmerksam durch und beantworte die Fragen.

Warum muss der Koala nicht viel trinken?

____

Welches Tier lebt unter der Erde?

____

Wie häufig wechselt das Krokodil seine Zähne?

____

Wie schnell kann sich das schnellste Känguru fortbewegen?

____

3 Die Kinder besuchen den Zoo in Sydney. Sie informieren sich auf den Hinweistafeln über die einzelnen Tiere. Unterstreiche die Adjektive* im Text und ordne sie richtig in die Tabelle ein. Ergänze die fehlenden Formen.

Unter den Beuteltieren ist das Känguru am schnellsten. Die Krallen des Wombats sind schärfer als die des Koalas. Der Koala bewegt sich langsam. Das Krokodil ist mit seinen scharfen Zähnen von allen Tieren am gefährlichsten.

Grundstufe*	1.Vergleichsstufe (Höherstufe)*	2.Vergleichsstufe (Höchststufe)*

4 Setze **als** oder **wie** richtig ein.

Ein großes Känguru kann so groß werden ______________________ ein ausgewachsener Mann.

Der Wombat ist größer ______________________ das Meerschweinchen.

Ein Koala trinkt weniger ______________________ ein Zwergkänguru.

Die Zähne des Krokodils sind genauso scharf ______________________ die des Haifisches.

5 Nach dem Zoobesuch schreiben die Kinder eine Postkarte an ihre Großeltern. Setze **ss** oder **ß** ein.

Der Vokal vor ss ist immer kurz.
Der Vokal vor ß ist immer lang.
Fluss – Fuß

Liebe Gro___eltern!

Viele Grü___e aus Australien. Wir hatten heute viel Spa___ im Zoo.
Die Zwergkängurus waren sü___. Wu___tet ihr, da___ Koalas kaum
Wa___er trinken? Sie fre___en so viele Eukalyptusblätter, da___ ihnen
deren Flü___igkeit ausreicht.

Morgen verla___en wir Sydney und reisen weiter. Es ist sehr hei___ hier.
Wir e___en jeden Tag ein Eis. Morgen machen wir eine Flo___fahrt.

Bis bald!

Lotta, Toni und Paul

6 Entscheide: **ss** oder **ß**?

Fu___	fre___en	Ta___e
Stra___e	schlie___en	Spa___
na___	bla___	Strau___
me___en	bei___en	Sü___igkeit
flie___en	gie___en	Nu___
verla___en	hei___en	

Toni, Lotta und Paul lernen Alinga kennen. Alinga ist eine Aborigine-Frau und möchte ihren neuen Freunden gerne etwas über ihr Land erzählen. Sie lädt die Kinder zu einem Ausflug zum Ayers Rock ein.

(1) Lies die Geschichte und setze die fehlenden Maßeinheiten ein.

mm	cm	m	km	mg	g	kg	t	ml	l	sec	min	h

Von Alice Springs müssen Alinga und die Kinder 450 ______ mit dem Auto fahren. Die Fahrt dauert fast 6 ______. Unterwegs sehen sie viele Tiere. Ein rotes Riesenkänguru hüpft am Straßenrand entlang. Es ist ungefähr 1,80 ______ groß. Alinga erzählt, dass diese Kängurus bis zu 90 ______ wiegen. Unterwegs ist es sehr heiß. Alinga und die Kinder machen eine Pause und picknicken auf einer großen Wiese. Lotta holt Kekse und eine Flasche mit 1,5 ______ Wasser aus ihrem Rucksack. Beim Essen erzählt Toni Alinga, dass sie in Amerika Kolibris gesehen haben. Kolibris sind sehr kleine Vögel. Die kleinste Art ist nur 6 ______ groß und wiegt lediglich 7 ______. Die Schnabellänge des Kleinschnabelkolibris beträgt 5 ______. Das Besondere an den Kolibris ist, dass sie ihre Flügel sehr schnell bewegen können. Sie machen 40 – 50 Flügelschläge pro ______. Nach 30 ______ Pause fahren sie weiter. Nun ist es nicht mehr weit.

☆

Ganz gleich, in welchem Land Lotta, Paul und Toni auf ihrer Reise waren, haben ihre Eltern sie regelmäßig um 15 Uhr MEZ angerufen.

> Die Welt ist in Zeitzonen eingeteilt. Das bedeutet: je nachdem, wo man hinreist, muss man Stunden dazurechnen oder abziehen. Deutschland liegt in der MEZ. MEZ bedeutet mitteleuropäische Zeitzone.

2 Zu welcher Uhrzeit erhielten die Kinder jeweils die Anrufe in den verschiedenen Ländern? Rechne aus, zeichne die Uhrzeiten ein und schreibe sie auf die Linien.

	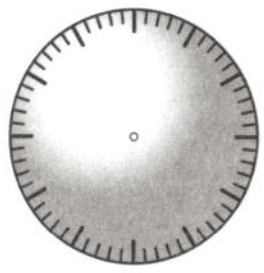	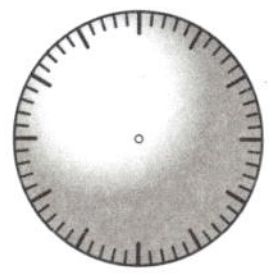	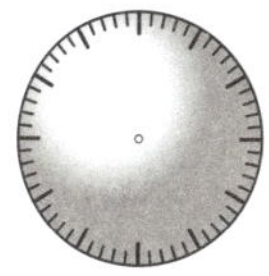
Deutschland München	**Australien** Alice Springs	**USA** New York	**USA** Los Angeles
15.00 Uhr			
+/– 0 h	**+ 7 h 30 min**	**– 6 h**	**– 9 h**
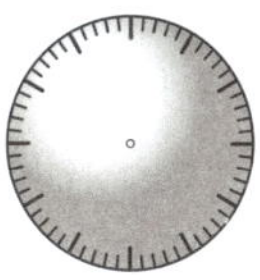	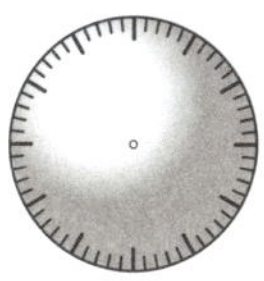		
Brasilien Rio de Janeiro	**Indien** Mumbay	**Ägypten** Kairo	**China** Peking
– 5 h	**+ 3 h 30 min**	**+ 1 h**	**+ 6 h**

1 In Sydney the children visit the big zoo. Which animals do they see?

Löse das Kreuzworträtsel. Wenn du die Buchstaben in den farbigen Kästen in die richtige Reihenfolge bringst, erhältst du als Lösungswort ein Tier, das es nur in Australien gibt.

elephant	zebra	monkey	lion	hippo	tiger	snake	crocodile

The hidden word is ______________________.

2 What's their favourite animal?

My favourite animal is a _ _ _ _ _. It's black and white.

My favourite animal is a _ _ _ _. It's dangerous.

My favourite animal is a _ _ _ _ _ _. It's funny.

Deutsch

Nomen/Substantiv: Namenwort, z. B. Hase, Blume, Auto

Artikel: Begleiter → es gibt bestimmte Artikel: **der**, **die**, **das** und unbestimmte Artikel: **ein**, **eine**, z. B. der Hase/ein Hase, die Blume/eine Blume, das Auto/ein Auto

Pronomen: Fürwörter → ersetzen Nomen, z. B. Lisa schwimmt. **Sie** schwimmt. („**sie**“ ersetzt „Lisa“); begleiten Nomen, z. B. **unser** Haus → mein, mich, dich, dir, ihr, unser, euch, ihre…

Verb: Tätigkeitswort, Tunwort, Tuwort, z. B. essen, schreiben, spielen

Gegenwart: Präsens, z. B. ich male, du malst, er/sie/es malt, wir malen, ihr malt, sie malen

einfache Vergangenheit: 1. Vergangenheit, Präteritum, z. B. ich malte, du maltest, er/sie/es malte, wir malten, ihr maltet, sie malten

zusammengesetzte Vergangenheit: 2. Vergangenheit, Perfekt, z. B. ich habe gemalt, du hast gemalt, er/sie/es hat gemalt, wir haben gemalt, ihr habt gemalt, sie haben gemalt

Adjektiv: Eigenschaftswort, Wiewort, z. B. fleißig, groß, schnell
Adjektive gibt es in drei Stufen: Grundstufe: groß; 1. Vergleichsstufe (Höherstufe): größer; 2. Vergleichsstufe (Höchststufe): am größten

Mitlaut: Konsonant → b, c, d, f, g, h, j, k, l, m, n, p, q, r, s, t, v, w, x, y, z

Selbstlaut: Vokal → a, e, i, o, u

Wer-Fall/1. Fall: z. B. Paul liest. → Wer oder was liest? Paul (liest).

Wessen-Fall/2. Fall: z. B. Die Handlung des Buches ist sehr spannend. → Wessen Handlung ist sehr spannend? (Die Handlung) des Buches.

Wem-Fall/3. Fall: z. B. Paul liest seiner Schwester vor. → Paul liest wem vor? Seiner Schwester.

Wen-Fall/4. Fall: z. B. Paul gibt Lotta das Buch. → Paul gibt Lotta wenn oder was? Das Buch.

Deutsch

Subjekt: Satzgegenstand, z. B. Felix malt.

Prädikat: Satzaussage, Satzkern, z. B. Felix malt. (einteiliges Prädikat), Felix wird malen. (mehrteiliges Prädikat)

Objekt: Satzergänzung → 1. Wem-Ergänzung: Ergänzung im Wem-Fall (3. Fall), z. B. Lotta hört dem Tierpfleger zu. → Nach der Wem-Ergänzung fragt man mit wem?: Wem hört Lotta zu? Dem Tierpfleger.; 2. Wen-oder-was Ergänzung: Ergänzung im Wen-Fall (4. Fall), z. B. Die Kängurus essen Gras. → Nach der Wen-oder-was-Ergänzung fragt man mit wen oder was?: Die Kängurus essen wen oder was? Gras.

Wörtliche Rede: Die wörtliche Rede steht immer in Redezeichen.
Der Redebegleitsatz kann davor oder dahinter stehen: Toni ruft: „Seht mal, dort steht Roberto Diaz.“ „Wollen wir dort hingehen?“, fragt Lotta.

Wenn der Redebegleitsatz vor der wörtlichen Rede steht, folgt ein Doppelpunkt. Toni ruft: „Seht mal, dort steht Roberto Diaz.“

Steht er danach, trennt ihn ein Komma von der wörtlichen Rede: „Wollen wir dort hingehen?“, fragt Lotta.

Achtung: Wenn der Begleitsatz nachgestellt wird, entfällt in der wörtlichen Rede der Punkt: „Ich kenne den Fußballspieler nicht“, sagt Lotta.

Mathe

Addition/addieren: Plus-Rechnung, zusammenzählen

Subtraktion/subtrahieren: Minus-Rechnung, abziehen

Multiplikation/multiplizieren: Mal-Rechnung, malnehmen

Vielfaches: Ergebnis einer Multiplikation, z. B. 42 ist ein Vielfaches von 6 und 7

Division/dividieren: Teilungs-Rechnung, teilen